Couverture inférieure manquante

Début d'une série de documents
en couleur

NOTES

SUR

LA PETITE ÉGLISE

AU DIOCÈSE DE SÉEZ

PAR

L. DE LA SICOTIÈRE

ÉVREUX

IMPRIMERIE DE L'EURE

—

1894

Fin d'une série de documents
en couleur

A M. L. Delisle
Hom. cordial
L. d. L.

NOTES

SUR

LA PETITE ÉGLISE

AU DIOCÈSE DE SÉEZ

PAR

L. DE LA SICOTIÈRE

ÉVREUX

IMPRIMERIE DE L'EURE

—

1894

NOTES

SUR LA PETITE ÉGLISE

AU DIOCÈSE DE SÉEZ

Dans sa Lettre du 19 juillet dernier à l'Archevêque de Lyon et à l'Evêque de Poitiers, le Pape Léon XIII a réveillé la question de la Petite Eglise qui paraissait assoupie depuis quelque temps. Il a renouvelé les condamnations prononcées par ses prédécesseurs contre les dissidents, en même temps qu'il les adjurait dans les termes les plus touchants et les plus paternels de rentrer enfin dans l'unité de l'Eglise. De là, un certain ébranlement dans le monde religieux, dans la presse (1) et même chez les simples curieux des choses du passé, qui se sont empressés d'interroger leurs livres, leurs notes, leurs souvenirs personnels ou ceux des anciens témoins, et d'apprendre ainsi ou de réapprendre l'histoire, un peu oubliée, de la Petite Eglise. Nous avons fait comme eux, et nous voudrions consigner ici, pendant qu'il en est temps encore, le peu que nous avons recueilli sur la Petite Eglise au diocèse de Séez. Les raisons de discrétion et de charité qui avaient empêché autrefois d'aviver les dissidences en en parlant trop ouvertement,

---

(1) *Monde*, 18 septembre; — *Soleil*, 30 septembre; — P. Drochon, des Augustins de l'Assomption, *La Petite Eglise, Essai historique sur le schisme anticoncordataire*, Paris, 1893, in-12; — *La Croix, Supplément*, 15 novembre 1893; — etc.

n'existent plus aujourd'hui. Les derniers vestiges du schisme anti-concordataire ont à peu près, disparu de notre territoire. On peut donc s'expliquer en *toute liberté, comme en toute sincérité,* sur le rôle qu'il y joua à une certaine époque (1).

Le Concordat fut négocié et signé (15 juillet 1801), avec des lenteurs et des difficultés infinies. Il fut accueilli avec satisfaction par tous les esprits modérés et sincères. Il répondait aux vœux, non seulement des catholiques fidèles, mais de la masse des indifférents, des désabusés, qui, après dix ans de troubles et de souffrances, cherchaient dans le retour aux idées religieuses l'apaisement des esprits et un principe d'autorité morale pour les lois et le Gouvernement.

Parmi les points concédés par le Saint-Siège, ceux qui rencontraient chez les anti-concordataires, la plus vive opposition et qui sont devenus plus tard le thème principal de la Petite Eglise, étaient les suivants :

La sanction donnée à la vente des biens nationaux, ecclésiastiques et autres (art. 13).

L'établissement d'une nouvelle circonscription des diocèses français (art. 2).

La démission des anciens évêques, démission qu'il fallait obtenir de gré ou imposer de force (art. 3).

L'agrément par le Gouvernement des choix faits pour les cures par les évêques (art. 10).

Le serment de fidélité à prêter par les évêques entre les mains

(1) Nous devons à M. Duval, archiviste du département de l'Orne, de très précieux documents extraits du dépôt dont il a la conservation. M. l'abbé Blin, aumônier de la Miséricorde à Séez, nous a ouvert libéralement le trésor de ses notes et de ses souvenirs. D'autres correspondants, M. le Président Quesnay de Beaurepaire; M. l'abbé Granger, curé de Banvou; M. l'abbé Desvaux, curé de Feings; M. Appert; M. G. Le Vavasseur; M. le vicomte du Motey; M. l'abbé Barret, curé de Notre-Dame de la Place, à Séez; M. l'abbé Gaulier, curé de Marmouillé; M. l'abbé Beunet, curé de Saint-Hilaire-lès-Mortagne; M. le comte de Contades, et M. Bourgouin, nos confrères de la Société historique de l'Orne, nous ont secondé avec la plus grande obligeance.

du premier consul, et par les ecclésiastiques du second ordre entre les mains des autorités civiles (art. 7).

Une autre clause, non écrite, il est vrai, dans le Concordat, mais expressément convenue, sur l'insistance, assure-t-on, de Talleyrand, devait aussi froisser beaucoup de légitimes susceptibilités : c'était le maintien dans les cadres de l'épiscopat nouveau d'un certain nombre d'évêques constitutionnels.

Beaucoup des anciens évêques refusèrent leur démission aux sollicitations d'abord, puis aux injonctions du Pape, navré d'être forcé d'éliminer du gouvernement de l'Eglise des hommes qui lui avaient rendu de grands services et qui depuis dix ans avaient tant souffert pour elle ! (1).

Mgr du Plessis-d'Argentré, ancien évêque de Séez, fut de ce nombre. Il fut remplacé par Mgr de Chevigné de Boischollet, nommé par Bonaparte, institué par le cardinal Caprara, sacré à Paris le 16 mai 1802, installé à Séez le 25 juillet suivant.

Beaucoup de dissidents appartenaient à la haute aristocratie par leur naissance.

Louis XVIII était très opposé au Concordat (2), et son attitude dans cette question n'aura sans doute pas été étrangère à celle qu'y prirent les évêques qui avaient le plus de rapports avec lui, comme les deux frères d'Argentré.

*
* *

L'évêque de Séez n'avait jamais été très populaire dans son dio-

(1) Les relevés faits avec le plus de soin établissent que 36 évêques refusèrent leur démission ; 44 donnèrent la leur, auxquels on a ajouté, avec plus ou moins d'exactitude, les 13 titulaires des évêchés étrangers à l'ancienne France, mais incorporés dans la nouvelle : ils furent unanimes à se conformer à la volonté du Pape.

On peut voir dans Jager, (*Histoire de l'Eglise de France pendant la Révolution*, t. ii), et dans les autres ouvrages sur le même sujet, avec quel généreux désintéressement une partie des anciens évêques, dont les ressorts avaient été réduits ou même supprimés par la Constitution civile, avaient offert de souscrire à ces mesures, si rigoureuses qu'elles fussent, et les concessions, non moins remarquables, qu'ils étaient disposés à faire en faveur des curés nouvellement élus. Il y avait là un noble exemple !

(2) Léon Séché, *Les Origines du Concordat*, dans le t. ii, octobre 1893, de l'*Archiviste*.

cèse. Ancien sous-précepteur des enfants de France (Louis XVI, Louis XVIII et Charles X); aumônier de Monsieur; devenu évêque par suite de ses hautes relations, il appartenait à cet épiscopat de Cour contre lequel le bas-clergé nourrissait certaines préventions. Il ne résidait guère (1), appelé qu'il était au dehors par les devoirs de ses charges. Au physique, il était plutôt disgracié que favorisé de la nature. Ses excellentes intentions et les dépenses énormes qu'il faisait pour construire le palais épiscopal, pour réparer et décorer la cathédrale de Séez et pour embellir la ville épiscopale, n'avaient pas suffi. Aux élections pour les Etats généraux dans l'ordre du Clergé, en 1789, son nom avait été repoussé. L'ordre n'avait même pas voulu reconnaître comme président l'abbé Péricaud, vicaire général, abbé commandataire de Perseigne, que l'évêque avait désigné pour le remplacer en cette qualité (2). Pendant l'exil, réfugié à Munster et très vieux déjà, il avait eu le malheur de prendre sur certaines questions une attitude peu conforme aux sentiments des prêtres fidèles restés dans le diocèse de Séez. Ainsi, il avait condamné le serment de soumission aux lois de la République, prescrit par celles de Germinal an III et du 7 vendémiaire an IV et qui avait été permis par l'autorité ecclésiastique dans nombre de diocèses; sa décision tardive n'avait été connue dans celui de Séez qu'après que beaucoup de prêtres des plus recommandables par leur savoir et leurs vertus avaient déjà prêté ce serment, et que M. Lefrançois, son vicaire général, l'avait formellement autorisé. Ce dernier, homme du plus grand mérite sous tous les rapports, s'était empressé de rétracter son autorisation, mais il était demeuré navré de ce conflit entre son évêque et lui; il avait même voulu donner sa démission de vicaire général. Ainsi encore, le serment de fidélité à la Constitution exigé après le 18 brumaire et qui avait soulevé des difficultés de même nature, après avoir été approuvé à Paris par M. Emery et par d'autres prélats que l'on considérait comme les lumières de l'Eglise, avait été également blâmé par Mgr d'Argentré (3).

(1) D'Orville, p. 227.

(2) L. de la Sicotière, *Documents pour servir à l'histoire des élections aux Etats-Généraux de 1789, dans la Généralité d'Alençon*, Alençon, de Broise, 1866, in-12, p. 127.

(3) V. sur ce point les détails donnés par M. H. Marais, ancien vicaire général,

Dans ces conditions, on ne pouvait guère s'étonner de l'opposition qu'il fit au Concordat, mais on comprend aussi que cette *opposition n'ait pas eu dans notre diocèse toute la portée qu'elle* aurait pu présenter venant d'un autre prélat, et qu'elle n'y ait pas passionné les esprits (1).

* *

Quelle fut son attitude vis-à-vis de Mgr de Chevigné de Boischollet, son successeur ou son remplaçant? Il est difficile de le dire avec certitude. Les documents authentiques manquent sur ce point, et les historiens ne sont pas entièrement d'accord.

Le premier dans l'ordre des dates, Maurey d'Orville (1829), n'avait pas osé parler du refus de Mgr d'Argentré de se soumettre aux instances et aux injonctions du Souverain Pontife. Il avait dit seulement (2) : « Le nouveau prélat refusa d'abord d'accepter, attendu que le titulaire était encore existant; mais celui-ci, à qui son grand âge et ses infirmités ne permettaient plus de revenir en France, désirait ardemment que l'administration de son diocèse fût confiée à un ecclésiastique vertueux qu'il regarderait comme un vicaire apostolique. Il paraît même qu'il en avait manifesté l'intention positive, et avait fait donner, quoique verbalement, son adhésion à Mgr de Boischollet. Il chargea le digne abbé de

dans le tome IV (1870) de la *Semaine catholique du diocèse de Séez* et qui n'ont pas été tous reproduits dans son *Essai historique sur la cathédrale et le chapitre de Séez.*

Il est à noter que ce furent les opposants aux serments de soumission qui formèrent un peu plus tard le noyau du schisme de la Petite Eglise (D. Piolin, t. IV, p 98 et 146; — Boullier, *Mémoires ecclésiastiques concernant la ville de Laval et ses environs pendant la Révolution,* 2ᵉ édit., Laval, Godbert, 1846, in-8º, p. 348).

(1) Le diocèse de Séez était un de ceux où, malgré les déplorables faiblesses de l'Evêque constitutionnel et les malheurs des temps, le culte, dans les deux églises rivales, s'était le mieux conservé. On évaluait en l'an VII à 442 (chiffre exagéré certainement) le chiffre des prêtres constitutionnels, fonctionnaires publics; le nombre de ceux d'entre eux qui assistèrent à l'intronisation de Mgr de Boischollet, évêque concordataire, le 25 juillet 1802, aurait été très supérieur à celui des non assermentés (Léon Séché, ib.)

(2) Page 234 et suivantes.

Malherbe, l'un de ses vicaires généraux, qui retournait en France, de l'assurer qu'il avait été fort sensible à la lettre qu'il lui avait écrite au sujet de sa nomination; qu'il y reconnaissait la droiture de ses principes et toute sa délicatesse; qu'il était charmé que le choix fût tombé sur un homme de son mérite, qui avait rendu tant de services au diocèse de Nantes, pendant l'absence de Mgr de La Laurencie, son évêque.

« D'après cette assurance qui n'avait pu être donnée par écrit à M. de Malherbe dans la crainte de compromettre sa sûreté (1), Mgr de Boischollet n'hésita plus à se rendre aux vœux de Mgr d'Argentré.

« Nous ne pouvons cependant dissimuler que plusieurs diocésains virent avec peine qu'il eût remplacé Mgr d'Argentré. D'autres, qui regrettaient l'évêque constitutionnel, regardaient Mgr de Boischollet comme un intrus. Le nombre de ses détracteurs augmenta même dès la fin de la première année de son épiscopat, ce qui engagea MM. Villeroy et de Malherbe à faire répandre dans la ville et dans le diocèse, afin de tranquilliser les consciences timorées, la pièce suivante dont nous possédons l'original écrit de la main de M. Villeroy, ecclésiastique d'une vertu éminente. Elle est copiée scrupuleusement :

« Nous soussignés certifions que Mgr Duplessis d'Argentré nous
« a mandé il y a longtemps, que son intention est que son clergé
« se soumette à la juridiction et n'agisse que sur les pouvoirs
« donnés par Mgr Chevigné du Boischollet; en foi de quoi nous
« avons signé, le 9 juillet 1803.

« Signé : G. VILLEROY; L. DE MALHERBE (2).

« Toutefois, ce témoignage émané de deux personnes aussi respectables ne put ramener les esprits prévenus contre l'évêque. »

M. le chanoine H. Marais dans ses *Recherches pour servir à l'histoire de l'Eglise de Séez pendant la Révolution* (3), ne reproduit

____

(1) Cette raison ne parut pas décisive à tous les fidèles; la signature de l'évêque ne pouvait le compromettre, puis qu'il était hors de toute atteinte, et compromettait moins les porteurs de la pièce que leur propre signature sur le certificat du 9 juillet.

(2 Qu'est devenue cette pièce dont l'original aurait dû faire retour à l'Evêché et y être précieusement conservé?

(3) *Semaine catholique de Séez*, t. IV (1870), p. 466 et 488.

pas ces détails. Il se borne à constater le refus de démission de l'ancien évêque et il ajoute : « Par un sentiment de délicatesse, il fit part de sa nomination à Mgr d'Argentré, qui le fit complimenter. »

Ces dernières lignes ne se retrouvent pas dans l'*Essai historique sur la cathédrale et sur le chapitre de Séez* (1878) qui peut être considéré comme une nouvelle édition des *Recherches*.

Dans l'intervalle, s'était passé un fait considérable. Les restes de Mgr d'Argentré et de Mgr de Boischollet avaient été solennellement transférés de Munster et de Saint-Etienne de Montluc, dans les caveaux de la cathédrale de Séez (13 avril 1875).

Leur oraison funèbre fut prononcée par Mgr Fournier, évêque de Nantes (1). Il n'y est pas fait allusion à la situation respective des deux anciens évêques, aux circonstances qui auraient pu amener entre eux une sorte de conflit, à celles qui les auraient si *honorablement rapprochés*.

Mais à la même époque et à la même occasion, M. l'abbé Rombault publiant sous ce titre : *Vie et exil de Nosseigneurs du Plessis d'Argentré et de Chevigné de Bois-Chollet*, une intéressante étude biographique (2), y insérait textuellement le passage ci-dessus cité de d'Orville.

Depuis lors, M. l'abbé Blin, si versé dans l'histoire religieuse de notre diocèse, m'écrivait : « Les prêtres sagiens ne pouvaient s'appuyer sur le refus de Mgr d'Argentré de se soumettre au Concordat, car il recommandait aux prêtres exilés en Allemagne et à ceux restés en France d'obéir à l'évêque nommé par Pie VII (3). »

Enfin, le P. Drochon, dont le livre tout récent fait autorité, n'a pas hésité à classer Mgr d'Argentré parmi les Evêques dissidents ou *réclamants*, ainsi nommés des *réclamations* qu'au nombre de 38, ils avaient adressées au Pape en avril 1803, et qui contenaient leurs revendications et leurs plaintes. La résistance y perçait sous des formules respectueuses.

Elle perce aussi, ce nous semble, dans les instructions adressées par l'Evêque de Limoges (frère de notre évêque) à ses vicaires généraux, le 20 février 1802 :

(1) *Semaine catholique de Séez*, 13 mai 1875.
(2) Séez, Montauzé, in-8° de 46 pages.
(3) Lettre du 9 oct. 1893.

« Le clergé et les fidèles pourront, en sûreté de conscience,
« s'adresser pour les choses spirituelles à l'évêque nouvellement
« institué. Ainsi, les ecclésiastiques pourront recevoir du nouveau
« prélat des commissions à l'effet de remplir des fonctions spiri-
« tuelles, et ils pourront même en recevoir des titres (1). »

Il est assez probable que les instructions que Mgr d'Argentré
aurait pu adresser à ses diocésains de Séez, auraient été conçues
dans le même esprit, étant donnés l'accord touchant et complet
qui avait toujours existé entre les deux frères, leur communauté
d'attitude dans la question du serment et celle de leur existence
à Munster.

L'Evêque de Séez mourut à Munster, le 24 février 1805, et fut
inhumé dans la cathédrale; il avait 84 ans.

* *

Il est bien certain que Mgr d'Argentré n'avait pas eu l'intention
de faire schisme avec Rome.

Pas plus que les autres *réclamants*, il n'avait même prévu les
conséquences de sa résistance.

Ce n'est ni une justification, ni peut-être une excuse suffisante.
Ces conséquences, ils auraient dû les prévoir. Ils avaient sous les
yeux l'exemple des schismes anciens et celui, si récent et si ins-
tructif, de l'Eglise constitutionnelle. La plupart des schismatiques
de tous les temps n'avaient-ils pas commencé par la bonne foi,
par des erreurs sur des points en apparence secondaires, et n'au-
aient-ils pas reculé devant les suites de leur conduite, s'ils avaient
su les envisager? La brèche que les Prélats *réclamants* faisaient
à l'orthodoxie ne pouvait être qu'élargie par leurs partisans, par
leurs subordonnés, par leurs disciples. Ils le virent plus tard et
trop tard, quand aux assurances de respect, de soumission et de
fidélité à la Papauté dont ils s'étaient, eux évêques, couverts tout
d'abord, succédèrent les polémiques injurieuses, violentes, des
pauvres prêtres qui se disaient et se croyaient leurs disciples, et
une révolte scandaleuse contre l'Eglise, qu'ils avaient si bien servie
jadis. C'est moins sans doute dans le langage de leurs chefs hiérar-

(1) P. Drochon, p. 62.

chiques, que ces prêtres trouvèrent un appui, que dans leur réserve, leur attitude équivoque vis-à-vis de leurs remplaçants ; mais il y a des silences qui parlent trop haut.

*
* *

Nous ne trouvons rien sur le rôle de la Petite Eglise dans notre diocèse, dans les ouvrages d'histoire locale (1).

Le Maine, où la Petite Eglise fut beaucoup plus ardente et plus nombreuse que chez nous et qui fut peut-être la source principale qui alimentait la nôtre, ne nous a non plus fourni que peu de renseignements historiques (2).

*
* *

Des brochures assez nombreuses, relatives à la Petite Eglise, les unes apologétiques, les autres hostiles, que j'ai rencontrées à

(1) Maurey d'Orville ; — H. Beaudouin et Marais ; — Abbé Fret, *Antiquités et chroniques percheronnes* ; — Gouverneur, *Essais historiques sur le Perche* ; — Pitard, *Fragments historiques sur le Perche* ; — Abbé Blin, *Les martyrs de la Révolution dans le diocèse de Séez* ; etc.

(2) Le *Précis historique* ... *le Maine*, fait cependant avec soin, qui précède le *Dictionnaire topographique, historique et statistique de la Sarthe*, de Pesche, et ce *Dictionnaire* lui-même ; — *L'histoire complète de la Province du Maine*, par Lepelletier de la Sarthe (1861) ; — Les *Essais historiques sur le Maine*, par P. Renouard (1811) ; — *L'histoire de la Flèche*, par de Montzey (1878), sont muets sur ce sujet. — Le savant ouvrage de Dom Piolin, *L'Eglise du Mans durant la Révolution* (1871) s'arrête au Concordat et ne nous fournit pas sur la Petite Eglise dans le Maine les renseignements qu'on aurait été heureux d'y trouver. Il en est de même des *Mémoires ecclésiastiques* de Boullier *concernant Laval et ses environs pendant la Révolution*. Gérault, seul, dans ses *Mémoires ecclésiastiques concernant le district d'Evron pendant la Révolution*, donne quelques lignes sur le rôle de la Petite Eglise dans ce district où elle eut une réelle importance, principalement dans les paroisses de Courcité, Izé, Sainte-Gemmes, Saint-Georges, Trans et surtout Saint-Thomas. Le Guicheux, *Chroniques de Fresnay* (1877), y ajoute de curieux détails

Les prêtres les plus distingués dans le clergé anti-concordataire du Maine étaient : Turpin du Cormier, ex-curé de Gourdaine ; Grangeard ; Gasselin du Verger, ex-curé du Tronchet ; Choquet ; les frères Gourday ; Fleury, ex-curé de Neuvy ; Corre, ex-curé de Saint-Jean de la Cheverie, et son ancien vicaire, Mériel-Bucy. (Dom Piolin, t. IV, p. 98 et 146.)

Alençon, pas une n'est sortie des presses du diocèse de Séez, ou n'a été composée dans le diocèse (1).

* *

Longtemps on a cru — ou fait semblant de croire — qu'il y avait entre la Petite Eglise et la résistance à la conscription une certaine solidarité.

(1) Beaucoup, au contraire, appartiennent au diocèse du Mans. Il y en a quatre au moins de Mériel-Bucy, prêtre de la ville du Mans, (qui avait des parents à Alençon même), notamment : *Victoire, triomphe complet de ce qu'on appelle la Petite Eglise*; Le Mans, 1818, in-8°, et *Etrennes extraordinaires, curieuses*... Le Mans, 1818, in-8°. Citons encore : *Observations sur le Mémoire de M. Bucy*, intitulé : *Victoire, triomphe complet*... Le Mans, Monnoyer, in-8°. L'auteur, qui signe X, se dit laïque; il s'attaque moins à la discussion des doctrines qu'à l'outrecuidance et à la violence de langage de son adversaire. — *Réponse à l'Avocat de la Petite Eglise*, par l'abbé Barruel; Laval, V° Portier, 1818, in-12; c'est une réponse aux abbés Mériel-Bucy et Blanchard. — *Le Cri de la Vérité contre les vingt-sept insign's faussetés alléguées contre le clergé de France dans divers écrits des Prêtres dissidens, et notamment dans celui intitulé : Etrennes curieuses, signé Mériel-Bucy, ou Lettre aux prêtres dissidens*, par M. Normand, docteur en théologie, chanoine de Tours... Tours, Letourmy, 1818, in-8°. — *Encore un Concordat! ou l'Eglise de France en troisième représentation sous le nom d'Eglise provisoire*, 1819, in-8°, par Dépoussy, prêtre catholique, (s. n. r. l., mais imprimé, croyons-nous, à Mamers, chez Jouenne). — *Controverse entre la Petite et la Grande Eglise, sur les droits de Dieu, de la Sainte Eglise et du Roi légitime*, par Jacques-Pierre Fleury, de la ville de Mamers (Sarthe), curé non assermenté de la paroisse de Vieuvy (Bas-Maine); Le Mans, Pesche, 1822, in-8° L'abbé Fleury a publié dans le même sens d'autres brochures, soit au Mans, soit ailleurs, et signé avec l'abbé Vinson, *l'Appel au Tribunal de l'opinion publique*, Paris, Michaud, 1816, in-8° (1). — *La Secte connue sous le nom de la Petite Eglise convaincue de schisme, d'erreur, de calomnie et de mauvaise foi*, par l'abbé Chevalier, du Mans; Le Mans, Monnoyer, 1816, in-12. — *La Petite Eglise, ou MM. Blanchard, Gaschet, Vinson, Bucy et leurs adhérens, convaincus de schisme... suivi des observations critiques sur le dernier ouvrage de M. Mériel-Bucy*, intitulé : *Victoire*... etc., Le Mans, Monnoyer, 1818, in-8°. — *François aux prises avec son curé*, par F. Despierres (se disant simple artisan); Mamers, Jouenne, 1821, in-8°, etc., etc., etc.

(1) L'abbé Fleury se vantait d'avoir subi pour la foi 5 déportations et 137 emprisonnements. Dom Piolin a publié ses *Mémoires sur la Révolution, le premier Empire et les premières années de la Restauration*, Le Mans, Leguicheux, 1874, in-8°. C'était un esprit sincère et courageux, mais exalté, vaniteux et personnel à l'excès. Né à Mamers, le 5 février 1758, il mourut au Mans, le 2 avril 1832.

Treize cent mille hommes devaient être appelés sous les armes dans le cours d'une seule année (1813)! (1) Mais les résistances à la conscription s'accentuaient sur beaucoup de points en raison même de cette effroyable absorbtion de toutes les forces vives de la Nation. A la fin de 1808, il y avait déjà plus de 300,000 réfractaires ou insoumis, et environ 70,000 déserteurs (2).

Les départements de la Sarthe et de la Mayenne figuraient dans ces derniers relevés pour un chiffre assez considérable. Les environs de Sillé et d'Evron avaient même été, en 1810 et années suivantes, le théâtre d'une petite insurrection, sous la direction des frères Morin, de Voutré (Mayenne).

La Petite Eglise était-elle donc pour quelque chose dans cette rébellion? On a cru, on a dit qu'elle en aurait été le centre et le foyer (3). C'est fort exagéré à notre sens. L'horreur de la conscription en fut le principal mobile. On peut toute fois admettre que la haine profonde que les gens de la Petite Eglise portaient à Napoléon, qu'ils appelaient *Satan* et l'*Antechrist*, et l'exaltation de leurs idées, de leur langage mystique, avivèrent encore les colères de la lutte (4). Les *Mémoires* de Morin, le véritable chef des insurgés (5), laissent la Petite Eglise en dehors des mobiles qui leur mirent les armes en main.

La Petite Eglise dans le département de l'Orne ne fut ni la cause ni le prétexte de pareilles résistances. La levée de la conscription s'y fit avec assez de facilité, même dans l'arrondissement de Domfront qui avait été le foyer le plus obstiné de la Chouannerie. Il est même à remarquer que ce n'est pas dans cet arrondissement, mais dans le Perche, à l'autre extrémité du diocèse, qu'elle paraît avoir rencontré le plus d'adhérents. En cinq ans, de 1825 à 1830,

(1) *Histoire de mon temps*, par le chancelier Pasquier, t. ii, p. 117.

(2) *Frotté et les insurrections normandes*, t. ii, p. 690.

(3) Il existe un petit roman de Gilbert-Augustin Thierry, écrit dans ce système : *Le capitaine sans façon*, 1813. (Paris, Charavay, 1882, in-8º et in-12, fig.). L'auteur y a annexé des documents intéressants. Les prêtres manceaux de la Petite Eglise et Fleuriel, d'Alençon, y jouent un certain rôle. Le héros du livre, Guittet, de Torcé, n'en eut en réalité qu'un fort secondaire dans l'insurrection.

(4) L'affectation avec laquelle le peuple prononçait l'*Empireur* au lieu de l'*Empereur*, parce que, disait-on, « en prenant tous les garçons, il faisait *empirer* l'agriculture, » était un des symptômes de cette hostilité. (Dureau de Malle, *Description du Bocage percheron*; Paris, Fain, 1823, in-8º, p. 22.)

(5) Le Mans, Edmond Monnoyer, 1876, in-8º.

il n'y eut que trois individus dans le département de l'Orne, à se dérober à la conscription (1).

.·.

Voici, par ordre de localités, tous les renseignements que nous avons pu nous procurer sur les différents groupes que la Petite Eglise était parvenue à former dans notre diocèse.

Il était impossible que dans la ville épiscopale où Mgr d'Argentré avait gardé des partisans et des amis, et où se trouvait réuni un grand nombre de prêtres et de religieuses, les anti-concordataires ne trouvassent pas des adeptes. Ils ont toutefois passé à peu près inaperçus. On nous a seulement signalé Mme Marie-Anne Renault de Grandpré, très respectable religieuse de l'ancienne abbaye noble de la Chaise-Dieu près Rugles, qui résista longtemps aux efforts réunis du clergé de Séez pour la ramener à l'orthodoxie, et qui finit cependant, vers 1818, par se réconcilier avec l'Eglise.

Le clergé d'Alençon qui avait montré beaucoup de sagesse et de modération dans les temps qui précédèrent le Concordat, ne paya qu'un faible tribut à la Petite Eglise. On signalait comme un de ses adeptes les plus fervents et de se ses prédicants les plus zélés, un abbé Broussin (Pierre), ancien curé de Vingthanaps, déjà âgé, infirme, mais qui n'avait pas une grande autorité (2), et un capucin, du nom de Marchand, plus jeune, capable, mais scrupuleux à l'excès. Leur clientèle se recrutait surtout dans les femmes de condition bourgeoise. On disait bien que certaines personnes, des dames (3) appartenant à la société aristocratique du pays, encourageaient secrètement leurs efforts, mais ce n'était pas un patronage avéré.

C'est toutefois à Alençon que devait apparaître un personnage destiné à un rôle considérable dans la Petite Eglise, le rôle d'un prédicateur, d'un apôtre, d'un prophète; l'*Elie prédit* ou *précurseur de Jésus-Christ*, comme il se qualifiait lui-même; pauvre fou,

(1) Archives de l'Orne.

(2) Il mourut à Alençon, le 17 septembre 1809; il était né à Ciral, le 15 mars 1737.

(3) Notamment une dame de Vaux-Bidon.

qui fut pris au sérieux par des gens de bon sens, en dépit ou peut-être à cause même du dérangement de son cerveau qui lui donnait en lui-même cette confiance qui s'impose à autrui.

Fleuriel, Lefleuriel ou de Fleuriel (on trouve son nom écrit de ces *trois manières*) était né à Alençon, le 13 juillet 1776, d'une famille honorable et ayant quelques prétentions à la noblesse. Son aïeul était officier des haras royaux. Il dut recevoir une bonne éducation, à en juger par ses écrits, tout extravagants qu'ils soient. Nous ne savons quelles occupations auraient rempli sa jeunesse.

C'est en 1815, pendant les Cent jours, qu'il appela sur lui les premières sévérités de la police.

Le Comité départemental de l'Orne, composé en partie de militaires, en partie de magistrats et d'administrateurs, et qui exerçait une surveillance et même une autorité de police absolument arbitraires et renouvelées des lois contre les Suspects, provoqua l'incarcération de ce malheureux, sous prétexte qu'il aurait prêché dans les rues contre l'Empereur et contre la conscription (1).

En 1818 et années suivantes, il parcourut les campagnes des environs d'Alençon et de Mamers, un grand crucifix sur la poitrine, une longue barbe au menton, commentant l'apocalypse, prêchant que Bonaparte est la Mort ou l'Antechrist, que Louis XVIII, auquel pourtant il est très attaché, n'est que son représentant, exhortant les jeunes conscrits a refuser le service militaire et leur distribuant des espèces de sauve-gardes (2). Quelques-uns, en très petit

____

(1) Archives de l'Orne. — *Louis de Frotté et les Insurrections normandes*, t. II, p. 721.)

(2) En voici le texte :

« Par ordre de Dieu. Instruction. Le nommé François Cocher, natif de la commune de Saint-Léonard-des-Bois, canton de Fresnay, arrondissement de Mamers, département de la Sarthe, appelé à porter les armes comme militaire, désirant et voulant n'entrer en aucune activité, ni prendre aucune part au siècle présent, qui est le siècle de la colère, le siècle de l'ange exterminateur Napoléon, l'Antechrist prédit par les Saintes Ecritures, devra, pour être fidèle aux vœux de son baptême et échapper à l'extermination et à la damnation auxquelles ce siècle livre les hommes :

« Signifier sans timidité et sans crainte, à l'autorité de Satan qui l'appelle pour le perdre, son refus de service, en ces termes :

« *Au nom de Dieu, je refuse tout service.*

« Quelques discours flatteurs, quelques raisonnements captieux ou séducteurs, quelques menaces que l'autorité emploie envers lui, il devra les mépriser, n'y

nombre, du côté de Beaumont (Sarthe) et à Yzé (Mayenne), eurent la faiblesse de l'écouter.

Au mois de janvier 1824, il fut arrêté à Mamers, sous la prévention d'avoir, le jour du tirage, par ses discours et ses écrits, provoqué plusieurs jeunes gens à désobéir à la loi, mais les magistrats reconnurent bien vite qu'il avaient affaire à un fou et ils le renvoyèrent au préfet de l'Orne, en exprimant l'avis que, dans son intérêt même, il y aurait lieu de le renfermer dans une maison d'aliénés (1).

Consulté de son côté, le Parquet d'Alençon fit observer qu'un internement de ce genre ne pouvait avoir lieu qu'au cas de folie furieuse, et celle de Fleuriel était tranquille, — ou d'interdiction provoquée par la famille, et la famille Fleuriel gardait le silence. Ne pourrait on se borner à lui refuser un passeport et à le faire arrêter comme vagabond dans ses excursions au dehors? (2).

La famille se décida enfin à provoquer l'interdiction qui fut prononcée par jugement du tribunal d'Alençon, du 9 janvier 1826.

Fleuriel fut enfermé au dépôt de mendicité, section des aliénés; il s'évada l'année suivante, et se cacha pendant un certain temps. Il ne semble pas que l'on ait fait alors de grands efforts pour le ressaisir. Réintégré, en 1829, au dépôt, qui devint l'asile départe-

avoir aucun égard; se tenant ferme en Dieu, il devra compter et être sûr que sa sainte résistance, au nom de Dieu et pour l'amour de Dieu, rendra impuissants tous les appels qui lui auront été faits et ceux qui lui seraient faits dans la suite.

« A condition que le dit François Cocher fuira constamment les temples de perdition, des prêtres jureurs et concordataires, et qu'il ne voudra reconnaître que les ministres fidèles qui sont exempts de toute tache révolutionnaire, et qui sont connus sous le nom de prêtres de la *Petite Eglise*, ainsi appelée.

« Ceux qui en sont ou qui la composent sont le petit nombre resté fidèle à Dieu, comme il arriva au temps de Noé, de Loth et d'Elie, etc.

« Le dit François Cocher pratiquera toutes les bonnes œuvres chrétiennes, sous la direction de ces seuls prêtres fidèles qui tiennent et sont unis à l'Eglise universelle, que les prêtres jureurs et concordataires ont persécutée.

« Donné pour voie de salut, à Alençon, le dix-huit mai mil huit cent vingt.

« L. DE FLEURIEL *Elie prédit*, précurseur de Jésus-Christ. »

(1) Lettre du Procureur du Roi de Mamers, 16 janvier 1824. (Archives de l'Orne).

(2) Lettre du Procureur du Roi d'Alençon, 20 février 1824. (Archives de l'Orne).

mental, il y resta jusqu'à sa mort. Sa monomanie était toujours la
même. Elle s'exhalait en prophéties, en discours politiques et religieux. Il se croyait le nouveau prophète Elie. Il était calme dans
le reste. A la suite d'une vive discussion, sur la religion sans doute,
avec l'aumônier de l'Asile, il fut atteint d'une congestion cérébrale
et mourut le 3 octobre 1845, tout à fait oublié, même de ses
anciens prosélytes.

J'avais vu ce Fleuriel dans mon enfance, et je le vois encore,
vêtu d'une redingote bleu de roi, longue barbe, les yeux éraillés
et rouges, parlant avec gestes et emphase. On le traitait avec les
ménagements et la pitié dûs à un malade (1).

.

Au mois de juillet 1827, l'audience correctionnelle d'Alençon
offrait un spectacle des plus singuliers.

Bernard, garçon boulanger à Alençon, et deux autres jeunes
gens des environs de cette ville, l'un du département de la Sarthe,
y comparaissaient, prévenus d'avoir troublé et interrompu les
cérémonies de la religion de l'Etat. Ils avaient à Alençon, le
17 juin, refusé de se découvrir devant le passage de la procession
de la Fête-Dieu, en disant *qu'ils étaient de la religion de Jésus-
Christ et non de celle de Satan.* Leur résistance, un peu véhémente,
avait même arrêté la procession pendant quelques instants.

Tous trois avaient d'excellents antécédents.

Ils n'avaient pas d'avocat. « Les hommes ne sont rien pour
nous dans cette affaire, » disaient-ils, et un membre du barreau
ayant voulu présenter d'office quelques observations en leur
faveur, ils avaient protesté contre son intervention.

Interrogés, ils répondirent que « leur religion leur défendait de
se découvrir devant le culte public qui n'était pas le véritable.
C'est *Satan-Napoléon* qui est chef de ce culte. Ils ne commet que
des œuvres d'iniquité. Il a proscrit les fêtes, il a fait mourir
Louis XVI, la Reine; il a vendu les terres des nobles, il a égorgé
les prêtres et persécuté l'Eglise de Jésus-Christ. Napoléon ne l'a

(1) Il s'occupait de pigeons, ce qui l'avait mis en communication avec mon
père, chez lequel il venait quelquefois.

rétabli que pour se faire adorer et conduire les âmes en enfer;
c'est l'Antechrist. Telle est la doctrine que leurs familles leur ont
enseignée. »

Bernard, après avoir lu et commenté certaines épitres de saint
Paul, qui n'avaient aucun trait à l'affaire, exhiba une défense
manuscrite, œuvre du *précurseur de Jésus-Christ, Louis de Fleuriel,
Elie prédit*, dont nous venons de parler.

En voici quelques fragments :

« Nos consciences sont pures et tranquilles devant le tribunal
céleste de Dieu et devant le tribunal terrestre des hommes; nous
nous reconnaissons innocents de tous désordres, de tous troubles,
de toute colère auxquels le monde peut se livrer contre notre foi
que l'on persécute.

« Nous sommes les enfants du Seigneur qui a créé le ciel, la
terre et les sources d'eau. Nous sommes chrétiens de la génération
de Jésus-Christ et de l'Eglise catholique. Nous avons renoncé à
Satan, à ses œuvres, aux vanités mondaines, aux révolutions, à
toute la corruption du siècle; nous voulons rester fidèles à ces
saints vœux du baptême.

« Enfants de cette véritable Eglise catholique de France, qui a
tant souffert depuis la Révolution, et qu'on appelle *Petite Eglise*,
à cause, en effet, du très petit nombre de justes qui sont restés
fidèles aux principes de la vraie foi, nous restons attachés à l'esprit de saint Paul et de tous les apôtres. Ils nous enseignent qu'il
n'est qu'un Dieu, qu'une foi, qu'un baptème, qu'un esprit saint
qui nous peuvent sauver.....

« Nous ne pouvons rendre aucun hommage, ni respect, ni
honneur, notamment à cette religion anti-chrétienne de France,
qui, depuis la Révolution, approuvant tout, sanctionnant tout,
bénissant tout, protégeant tout, a réduit, dégradé, déshonoré,
exterminé, perdu les hommes par des schismes, des hérésies, une
licence, des guerres; visiblement ennemie du trône de Dieu, du
trône de l'Eglise et du bonheur présent et à venir des rois et des
peuples de la terre.....

« Pouvons-nous donc saluer ces hommes, pouvons-nous hono-
rer d'aucun signe leur culte révolutionnaire, quand, au contraire,
à leur rencontre, à leur aspect, au souvenir si chagrinant de toutes
leurs œuvres, nos cœurs catholiques, nos cœurs humains doivent
aussitôt se glacer, nos yeux pleurer, nos bras tomber, nos fronts

rester couverts? Qui ne sent que sans cela nous cessons d'être les enfants de la vérité, de la vie qui est Jésus-Christ?

« Bien différents des prêtres de la Révolution et de tout ce qui leur appartient, nos apôtres sont à nous, nos prêtres catholiques, notre religion, nos autels, nos cérémonies, nos processions, nos prières, sont exempts d'avoir touché à l'édifice ténébreux, sanglant, caduc et périssable de la République; à l'édifice ténébreux, sanglant, caduc et périssable de l'Empire de Napoléon, l'Antechrist prédit.....

« Haine éternelle au calice et à la table des démons auxquels nous ne devons ni ne pouvons participer!

« Honneur, gloire, adoration, protection au calice de toute sainteté et à la table de tout salut, de Jésus-Christ, fils du Très-Haut!

« Voilà le besoin de nos âmes, voilà le cri de nos consciences, le mobile de nos actions vraiment pieuses.

« C'est dans ces principes que nous voulons vivre et mourir... »

La lecture terminée, le Président leur demanda quel était l'auteur de cette défense; ils répondirent unanimement : « le Saint-Esprit. »

L'avocat qui avait déjà voulu intervenir, ayant dit quelques mots en leur faveur, ils protestèrent avec indignation.

Ils s'entendirent, sans sourciller, condamner au minimum de la peine : 6 jours de prison et 15 fr. d'amende (loi du 20 avril 1825) : les circonstances atténuantes et la loi Bérenger n'existaient pas encore.

« Vous avez nos corps; mais vous n'avez rien! A bas le schisme et l'hérésie! Vous êtes tous des agents de Satan, » crièrent-ils en frappant la terre du pied (1).

.·.

Vers la même époque, les anti-concordataires des environs d'Alençon se réunissaient parfois à l'ancienne chapelle Saint-Marc,

----

(1) *Gazette des Tribunaux. — Feuille hebdomadaire de l'Orne,* 22 juillet 1827. Le compte-rendu, fait avec beaucoup de soin, était l'œuvre de M. Chenel, alors avocat et depuis juge au tribunal d'Alençon.

2.

commune de Radon, sur le bord de la route d'Alençon à Séez, à 6 kilomètres de la première de ces deux villes. La chapelle, supprimée pendant la Révolution, était devenue une petite maison particulière qu'habitait un buraliste du nom de Godefroy. C'était un dévot de la Petite Eglise. On disait qu'utilisant ses talents d'ancien tapissier, il avait arrangé et décoré d'emblèmes religieux, derrière son bureau, une petite salle où il recevait ses coreligionnaires.

A Saint-Barthélemy, commune aujourd'hui supprimée, aux portes d'Alençon, un petit groupe de dissidents se maintint assez longtemps; ils enterraient leurs morts dans un coin réservé du cimetière.

A Saint-Aignan-sur-Sarthe, à Saint-Aubin-d'Appenay, points rapprochés de celui où s'étendait l'influence de l'abbé Martin, il y eut aussi quelques adhérents, appartenant la plupart aux familles Mautin, Bouillis et Leprince. Ils se réunissaient chez Leprince, au nombre d'une vingtaine, pour entendre la messe de l'abbé Martin. Plusieurs d'entre eux finirent par se réconcilier avec l'Eglise.

.**.

On nous a signalé la présence de quelques dissidents dans l'arrondissement d'Argentan, au Merlerault notamment et au Château d'Almenèches (1); ils devaient être très peu nombreux.

Dans celui de Domfront, nous n'avons trouvé presque aucune trace de la Petite Eglise. A peine à la Ferté-Macé et à Flers, quelques noms de vieilles femmes qu'on ne prenait guères au sérieux, même dans leurs propres familles.

(1) Le retour à l'Eglise d'une vieille femme, des plus réfractaires jusque-là, de cette paroisse, eut lieu dans des circonstances singulières et touchantes. Surprise au milieu de la campagne, sans parapluie ni abri d'aucune sorte, par un orage violent, elle se trouvait dans le plus grand embarras, quand, des Séminaristes passant auprès d'elle, l'un d'eux, presqu'un enfant, qui portait un parapluie, le lui offrit avec tant d'empressement et de bonne grâce qu'elle l'accepta. Elle fut si touchée de ce procédé et de l'accueil que lui firent les maîtres du Séminaire quand elle alla restituer le parapluie prêté, qu'elle abjura ses longues préventions contre le clergé orthodoxe, s'en rapprocha petit à petit et finit par se convertir entièrement.

Nous avons dit que c'était dans l'arrondissement de Mortagne (portion Est du département) qui comprend la plus grande partie du Perche et beaucoup de paroisses détachées de l'ancien diocèse de Chartres, que la Petite Eglise avait trouvé ses partisans les plus nombreux et les plus tenaces. L'influence du diocèse du Mans qui le contourne au Sud et à l'Est, s'y fit d'ailleurs beaucoup plus sentir que celle du diocèse de Chartres.

Pendant la Révolution, le culte n'y avait rien offert de particulier.

Au moment du Concordat, il y avait beaucoup de tiédeur dans la ville chef-lieu ; 1,200 communiants seulement avaient rempli leur devoir en 1803 ; quelques-uns de plus, en 1804 ; mais dès cette époque, la Petite Eglise y comptait 200 adhérents. Trois prêtres devaient diriger et soutenir leur résistance, l'abbé Martin et les frères Duchâtel.

L'abbé Martin (Nicolas-Jérôme-Aubin), était né à Bures, en 1760, d'une famille de cultivateurs. La Révolution le trouva simple vicaire de la Mesnière (Orne) : double circonstance qui explique les relations et l'influence qu'il garda dans toute cette contrée. Il refusa le serment. Caché à Paris, puis à Mortagne, il y devint le chef attitré de la Petite Eglise. On l'appelait *le Pape*. Il était doux, obligeant, toujours souriant (1).

Il se prodiguait en exhortations, en conférences, en visites parfois lointaines, et par tous les temps, à son petit troupeau réduit à la fin à une vingtaine de têtes : femmes du peuple en majorité.

A diverses reprises, sous l'Empire et même sous la Restauration, on avait redouté son intervention dans la question de la conscription. Les préfets et les sous-préfets l'avaient mandé dans leur cabinet pour lui demander des explications qu'il donna sans doute satisfaisantes, puisqu'on le laissa libre.

Les deux frères Duchâtel, Nicolas-Robert-Denis et Louis-Robert,

____

(1) Le P. Drochon, p. 323, d'après les communications de M. le curé Beaumont. -- Registre de l'abbé Le Gallois, 1804, aux Archives de l'évêché.

s'étaient fixés à Mortagne, leur lieu de naissance, chez leur sœur, Mlle du Châtel-Desparceaux, après avoir déclaré à la mairie, le 20 nivôse an IX, « qu'ils n'étaient point fonctionnaires publics, qu'ils ne demandaient point à exercer de culte et qu'ils n'avaient aucun traitement de la République (1). » Ils étaient déjà âgés tous les deux. Ils menèrent une vie assez ignorée et ne réunirent que peu d'adhérents autour d'eux. L'aîné passait pour plus enfoncé dans le schisme, mais le jeune, de santé d'ailleurs très mauvaise, ne paraissait non plus dans aucune église et l'on ne savait même où il disait sa messe. L'aîné existait encore en 1818, retiré chez Mlle Bellanger, et toujours dissident. La police de l'Empire, tout en le faisant surveiller (1813), n'avait pu rien découvrir de délictueux à sa charge (2). Il faisait quelques pointes dans l'arrondissement d'Alençon.

Parmi les adeptes de ces prêtres, on signalait particulièrement les familles, fort respectables d'ailleurs, Bouillis, Duchesnay et Bellanger.

Leur influence s'étendait hors de la ville. Ils comptaient des partisans dans le canton même, à Saint-Langis, à Saint-Hilaire-lès-Mortagne et à Saint-Sulpice-de-Nully (Familles Sicot et Lainé), à Réveillon et à Feings; — dans celui de Nocé, à Courthioust, dont l'adjoint passait pour être des leurs; — dans celui de Pervenchères, à Pervenchères et à Viday, où un abbé Roger, de Mamers, se transportait souvent pour célébrer la messe et administrer les sacrements, à La Perrière, au Pin-la-Garenne; — dans celui de Moulins, à Moulins même; — dans celui de Rémalard, à Boissy, où l'abbé Septier, ancien curé de la paroisse, jureur en 1790, puis réfractaire, était en lutte avec le curé titulaire, jureur lui aussi, mais maintenu après le Concordat.

Dans le canton de Bellême, la lutte eut un caractère particulier d'acuité. Elle était fomentée par les prédications de prêtres de Mamers et surtout d'un abbé Poirier, de Nogent-le-Rotrou, qui se livrait à des invectives violentes contre le Pape et provoquait des rassemblements parmi les *Élus;* c'est le titre que prenaient ses partisans. En juin 1819, il en rassemblait encore une centaine dans une grange pour y entendre la grand'messe. Précédemment, une

---

(1) Pièce chez M. de la Sicotière.
(2) Archives de l'Orne.

rixe avait failli éclater à Saint-Martin-du-Vieux-Bellême entre eux et les catholiques excités par l'imprudence de son langage. Origny-le-Roux était un de leurs principaux foyers; ils y prenaient aussi le nom d'*Elus*. Chemilly comptait quelques adhérents.

Mais c'est surtout dans le canton de Bazoches que la Petite Eglise avait des partisans nombreux, à Courgeoût, Saint-Germain-de-Martigny, Saint-Etienne-sur-Sarthe, Saint-Mard-de-Coulonges, Saint-Aubin-de-Courteraie, Buré et Saint-Ouen-de-Sècherouvre. Ils se réunissaient dans le cimetière de Courtoulin, à 6 kilomètres de Mortagne, autour de la petite église fermée depuis la Révolution.

Il y avait encore assez d'anti-concordataires dans le Perche en 1840, pour que l'abbé Fret, curé de Champs, dans son almanach populaire, *le diseur de vérités* (1), crût devoir insérer deux articles à leur adresse.

Le premier, sous ce titre : *Le Pape de Mortagne, ou l'aveugle qui voit plus clair que tout le monde*, est un dialogue en patois Percheron entre des paysans, dont les uns, attachés à l'orthodoxie, tombent à bras raccourcis sur leurs adversaires, et les autres, conformément aux instructions de leurs chefs, gardent une réserve prudente ou dédaigneuse, ce qui laisse aux premiers un peu trop d'avantage. « Les dissidents ne sont qu'une infime minorité. Ils sont en révolte contre l'Episcopat, la Papauté, l'Eglise tout entière; ils n'ont ni racines dans le passé, ni avenir, puisque leur clergé ne peut pas se renouveler; ils vivent et mourront en dehors des sacrements, et plus particulièrement de ceux qui ne peuvent être conférés que par les évêques. » L'ignorance et la présomption, la suffisance et l'insuffisance du prétendu Pape sont qualifiés avec dureté, mais on veut bien reconnaître — concession curieuse à noter — que ses dévots « sont tous braves et honnêtes gens, bons et charitables. »

Le second article ne renfermait que le récit, toujours en patois percheron, d'un mauvais tour joué à l'abbé Martin par le mari ou le domestique d'une de ses dévotes. Elle l'avait gratifié d'une belle volaille qu'il devait manger au cours d'une de ses visites pastorales, avec d'autant plus de plaisir qu'il faisait souvent maigre chère. Le mari ou le domestique, qui ne partageait pas ses sentiments, trouva moyen de soustraire cette volaille et de la

____

(1) Pour 1841 ; Mortagne, Glaçon, in-32, p. 44.

remplacer par un chat crevé, avec tant d'adresse, que Martin n'en soupçonna rien et ne put jamais s'expliquer la métamorphose de la bête. On prétendit même qu'il n'y avait vu qu'un tour du mauvais esprit, jaloux du bien qu'il faisait sur la terre. Les lecteurs de l'abbé Fret trouvèrent sans doute la plaisanterie de bon goût; ils l'auraient peut-être jugée autrement si un prêtre de leurs amis en eût eté la victime.

L'abbé Martin mourut à Mortagne, sans s'être réconcilié avec l'Eglise, le 22 décembre 1843. Il avait 83 ans. La secte n'avait plus de chef ecclésiastique. Un laïque, le Père Sicot, de Buré, en prit la direction sous le nom d'ancien.

Le nombre des dissidents allait toujours en s'affaiblissant. La nécessité de faire bénir les mariages y contribuait plus que tout le reste. Les familles les plus réfractaires finirent par rentrer elles-mêmes dans le giron de l'Eglise. Aujourd'hui il ne reste plus qu'un seul dissident avéré dans le diocèse de Séez, à Saint-Ouen-de-Sècherouvre. Celui de Poitiers en compte encore 2,400; celui de Belley, 200; ceux de Grenoble, Luçon, quelques rares épaves (1) : moins du vingtième de ce qu'ils étaient encore il y a 70 ans.

. '.

Un de nos amis, qui avait vu de très près les derniers survivants dans le canton de Bazoches, nous en a tracé le portrait suivant que nous avons toute raison de croire parfaitement exact dans ses traits généraux.

« Très sincèrement pieux; observant scrupuleusement les prescriptions de l'Eglise relatives aux jeûnes, aux abstinences, à l'interdiction, à certains jours, des œuvres serviles; chomant les fêtes supprimées.

« S'imposant, à l'occasion, les plus rudes fatigues pour remplir leurs devoirs : vieillards, de Bellême, faisant tous les dimanches, 8 lieues à pied pour assister à l'office divin; femmes faisant, chaque année, le voyage de Toulouse pour aller y recevoir la Pâque.

(1) Le P. Drochon.

« Se communiant eux-mêmes — mais le fait est-il certain? - avec des hosties précédemment consacrées par leurs prêtres (1).

« Probité rigide.

« Laborieux, rangés, s'abstenant du cabaret et des fêtes mondaines; sévères et même négligés dans leur costume et dans la tenue de leurs maisons.

« Allures sérieuses et même moroses; inspirant à leurs voisins plus d'estime que d'affection; n'ouvrant leur maison aux étrangers qu'avec une extrême réserve; leur parlant volontiers du seuil, la la porte entre-bâillée, et par monosyllabes.

« Aumôniers, surtout pour leurs coreligionnaires. Il y avait telle maison à Saint-Ouen-de-Sècherouvre où les pauvres, les estropiés, les vagabonds affluaient de dix lieues à la ronde, sûrs d'y trouver la soupe et le gîte : charité sans doute, mais aussi chez quelques-uns désir secret de s'acquitter envers la vieille Eglise de France injustement dépouillée de ses biens.

« Conservant précieusement certaines reliques de l'ancien ou de leur nouveau culte, mais ne les montrant pas aux profanes : ici, une sonnette qui avait servi aux messes du curé Martin; là, un bénitier, un tableau de la Vierge noire, une croix de tabernacle provenant d'une église dépouillée pendant la Révolution.

« Gardant comme un trésor et se transmettant religieusement la dernière fiole d'eau bénite par leur Pape.

« Représentés aux inhumations de leurs frères, et peut-être dans d'autres circonstances, par un *ancien* ou *patriarche*, choisi à cet effet : similitude avec certaines églises protestantes, qui les aurait sans doute fort embarassés s'ils l'avaient connue.

« Affectant de n'appeler les prêtres orthodoxes que *Monsieur*, et non *Monsieur le curé;* de ne pas leur tendre la main.

« Les femmes beaucoup plus intolérantes et plus obtinées que leurs maris; certaines vieilles servantes ou gouvernantes, plus

(1) Dans quelques paroisses du diocèse du Mans, voisine, de celui de Séez, (Fresnay et environs), s'était introduit un usage assez bizarre; certains partisans de la Petite Eglise se faisaient *enterrer vivants.* Pour soustraire leur dépouille aux prières et aux rites de l'Eglise orthodoxe; ils faisaient célébrer à l'avance leur service funèbre, et quand arrivait la mort, le corps était transporté directement au cimetière, sans passer par l'église (Le Guicheux, p. 195, 330). Nous ne savons s'ils auraient eu chez nous des imitateurs.

obstinées elles-mêmes que leurs maîtresses : types curieux d'ignorance et parfois de rudesse, mais aussi de dévouement et de fidélité.

« Tout ce monde évitant systématiquement la controverse, même les femmes, sur la recommandation expresse du Pape de Mortagne. Pour toute réponse à la menace de l'extinction fatale et prochaine de leur culte : « Dieu y pourvoira — *Dominus providebit !* »

« Entêtement extraordinaire et souvent invincible. »

Plus d'un trait de ressemblance dans les manifestations extérieures de leur foi, comme on voit, et sauf les incompatibilités du fond, avec ces *Puritains d'Ecosse* dont W. Scott a tracé un si curieux et si vivant tableau.